Aldidente mini

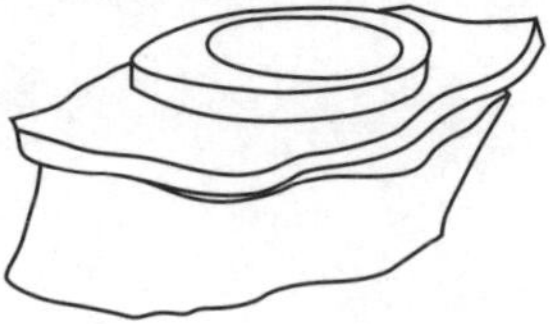

Aldidente mini

Die 55 besten Rezepte
Kalte Küche

Zusammengestellt von Gabriele Rescher

Eichborn.

Die Deutsche Bibliothek - CIP-Einheitsaufnahme
Rescher, Gabriele:
Aldidente mini kalte Küche: die 55 besten Rezepte / Gabriele Rescher. -
Frankfurt am Main: Eichborn, 2002
ISBN 3-8218-3755-1

Umschlagillustration: Uschi Heusel
Lektorat: Oliver Thomas Domzalski
Satz und Layout: Christiane Hahn
Druck und Bindung: Legoprint
ISBN 3-8218-3755-1

Verlagsverzeichnis schickt gern:
Eichborn Verlag, Kaiserstraße 66, D-60329 Frankfurt am Main
www.eichborn.de

Inhaltsverzeichnis

Kanapees

1. Lachs-Kanapees
2. Tatar-Kanapees
3. Kanapees mit Leberpastete
4. Quarkcreme-Kanapees
5. Kanapees mit Schweinebraten
6. Räucheraal-Kanapees

Pasteten und Terrinen

7. Pastetenteig
8. Hackfleischpastete
9. Lammpastete mit Brokkoli
10. Rehpastete
11. Pilzpastete
12. Apfel-Zwiebel-Pastete
13. Pariser Terrine
14. Lachsterrine

Geflügel und Fleisch

15. Marinierte Hühnerbrüstchen
16. Hackbällchen mit Mandeln
17. Gefüllte Putenrolle
18. Gänsebrust auf Feldsalat
19. Rustikale Rolle
20. Kasseler mariniert

Gefüllte Eier

21. Feuereier
22. Italienische Eier
23. Gefüllte Eier mit Sardellenpaste
24. Gefüllte Schinkeneier
25. Roqueforteier

Brotaufstriche

26. Thunfischpüree
27. Gorgonzola-Aufstrich
28. Erdnußmargarine
29. Champignonaufstrich
30. Feta-Käsecreme
31. Avocadocreme
32. Griebenschmalz nach Hausmacher Art

Dekorative Beilagen

33. Gefüllte Sherrytomaten
34. Paprikaschiffchen
35. Poreestangen
36. Marinierte Möhren im Schinkenspeckmantel
37. Fliegenpilze
38. Frischkäsekugeln
39. Gefüllte Champignons
40. Tomaten mit Mozzarella

Für die Fischplatte

41. Matjesfilets mit Zwiebelspalten
42. Aalspieße
43. Rollmöpse
44. Aal in Aspik
45. Häckerle

Kalte Suppen

46. Melonensuppe
47. Kalte Tomatensuppe
48. Himbeerkaltschale
49. Rhabarberkaltschale
50. Lauchcremesuppe

Kalte Desserts

51. Apfeldessert mit Mascarponecreme
52. Tiramisu
53. Schokocreme
54. Zitronenmousse
55. Honigeis

1. *Lachs-Kanapees*

- **Weißbrot**
- **Zitronenbutter**
- **Geräucherter Lachs in Scheiben**
- **Meerrettichmayonnaise**
- **Petersilie**

Weißbrot in Scheiben schneiden und mit einer Plätzchenform rund ausstechen.
Jede Scheibe mit Zitronenbutter bestreichen, mit einer zu einem Röllchen gedrehten Lachsscheibe belegen und mit Meerrettichmayonnaise garnieren. Zum Schluß mit gehackter Petersilie bestreuen.

2. *Tatar-Kanapees*

- **Pumpernickel**
- **Tatar**
- **Zwiebel**
- **1 Eigelb**
- **Salz, Pfeffer**
- **Kapern**
- **Gewürzgurken**

Pumpernickel rund oder eckig ausstechen. Tatar mit gehackter Zwiebel, Eigelb, Salz und Pfeffer anrichten. Die ausgestochenen Pumpernickel mit Tatar bestreichen und mit Kapern und in kleine Fächer geschnittenen Gewürzgurkenscheiben garnieren.

3. *Kanapees mit Leberpastete*

- **Weizenmischbrot**
- **Leberpastete**
- **Bananenscheiben**
- **Zitronenmelisse**
- **Butter**
- **Salatblätter**

Aus den Brotscheiben runde oder ovale Formen ausstechen und in einer Pfanne mit Butter goldbraun rösten. Auf Küchenkrepp abtropfen, abkühlen lassen und mit Butter bestreichen. Salatblätter auf den Kanapees anordnen. Leberpastete kräftig umrühren, in einen Spritzbeutel füllen und auf die Salatblätter dekorieren. Mit 2 dünnen Bananenscheiben und einem Blatt Zitronenmelisse garnieren.

4. *Quarkcreme-Kanapees*

- **Weizenmischbrot**
- **Butter**
- **Quark**
- **Schlagsahne**
- **1 Zwiebel**
- **Salz, Pfeffer**
- **Radieschen**
- **Schnittlauch**

Aus den Brotscheiben runde oder ovale Formen ausstechen und in einer Pfanne mit Butter goldbraun rösten. Auf Küchenkrepp abtropfen, abkühlen lassen und mit Butter bestreichen. Unter den Quark etwas Schlagsahne und gehackte Zwiebeln untermischen. Mit Salz und Pfeffer abschmecken, in einen Spritzbeutel mit Lochtülle füllen und damit die Kanapees dekorieren. Radieschen waschen und in dünne Scheiben schneiden.

Jeweils 3 Radieschenscheiben in den Quark drükken und mit gehacktem Schnittlauch bestreuen.

5. *Kanapees mit Schweinebraten*

- Baguette
- Butter
- Schweinebraten
- Salatblätter
- Tomatenscheiben
- Pfeffer
- Zwiebeln

Baguette in fingerdicke Scheiben schneiden und dünn mit Butter bestreichen. Salatblätter auf den Scheiben verteilen. Den Braten in dünne Scheiben schneiden und kleine Rollen formen.
Die Bratenrollen auf den Baguettescheiben anordnen und mit Tomatenscheiben, Zwiebelringen und Pfeffer garnieren.

6. *Räucheraal-Kanapees*

- Baguette
- Salatblätter
- Rührei
- 400 g Räucheraal
- Radieschenscheiben
- Butter

Baguette in fingerdicke Scheiben schneiden, dünn mit Butter bestreichen und mit Salatblättern und Rührei belegen. Räucheraal häuten, entgräten, in kleine Stücke schneiden und die Kanapees damit belegen. Radieschen waschen und in feine Scheiben schneiden. Die Kanapees damit garnieren.

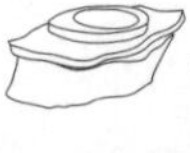

7. *Pastetenteig*

- **375 g Mehl**
- **165 g Butter**
- **1 Prise Salz**
- **5 EL Wasser**

Das Mehl in eine Backschüssel geben, eine Mulde hineindrücken und darin die kalte Butter zerteilen, Wasser und Salz hinzufügen und nach und nach mit dem Mehl zu einem schmiegsamen Teig verarbeiten. Kugel formen, in ein feuchtes Tuch wickeln und ca. 1 Stunde im Kühlschrank ruhen lassen.

8. *Hackfleischpastete*

- **1 Pckg. TK-Blätterteig (300 g)**
- **1 Paprikaschote**
- **2 große Zwiebeln**
- **1 kg Gehacktes (halb und halb)**
- **125 g Paniermehl**
- **2 Eier**
- **2 Päckchen TK-Salatkräuter (à 25 g)**
- **Salz, Pfeffer, Paprika**
- **2 El Senf**
- **2 El Tomatenmark**
- **Petersilie**

Blätterteig auftauen lassen. Paprika und Zwiebeln putzen bzw. schälen und in kleine Würfel schneiden. Hackfleisch, Paniermehl, die Eier, Paprika- und Zwiebelwürfel und Kräuter verkneten. Mit Salz, Pfeffer, Paprika, Senf und Tomatenmark abschmecken.

Die Blätterteigplatten aufeinanderlegen und auf einem bemehlten Untergrund ausrollen. Springform mit Backpapier auslegen und mit dem Teig ausfüllen. Einen ca. 3 cm hohen Rand andrücken. Hackfüllung hineingeben und im vorgeheizten Backofen bei ca. 200 Grad 50 bis 60 Minuten backen. Vor dem Anrichten mit Petersilie garnieren.

9. *Lammpastete mit Brokkoli*

- **1 Päckchen TK-Blätterteig (ca. 300 g)**
- **800 g Lammfleisch**
- **3 Zwiebeln**
- **2 Knoblauchzehen**
- **3 TL Olivenöl**
- **1 Ei**
- **1 Prise Curry**
- **1/2 l Instant Rinderbrühe**
- **1/4 l Rotwein**
- **400 g Brokkoli**
- **250 g Möhren**
- **Worcestersoße**
- **Salz, Pfeffer**
- **Mehl**

Den Blätterteig auftauen lassen. Das Lammfleisch kurz unter kaltem Wasser abbrausen, mit Küchenkrepp trockentupfen und in Würfel schneiden. Die Zwiebeln und die Knoblauchzehen schälen und hacken. Das Öl in einem Schmortopf erhitzen und das Fleisch anbraten. Zum Schluss die Zwiebeln und die Knoblauchzehen hinzufügen, glasig dünsten und mit Salz, Pfeffer und einer Prise Curry würzen. Mit der Brühe und dem Rotwein ablöschen. Im geschlossenen Topf das Fleisch ca. 30 Minuten schmoren lassen. Brokkoli waschen, Strunk entfernen, in kleine Röschen teilen, Möhren putzen und in Würfel schneiden. Alles in den Schmortopf geben, mit Salz, Pfeffer und etwas Worcestersauce abschmecken. Den Ofen auf 200 Grad vorheizen. Das Fleisch mit dem Gemüse in eine Pasteten- oder Auflaufform füllen. Das Ei trennen und mit dem Eiweiß den Rand der Form bestreichen.

Vier Blätterteigplatten mit etwas Wasser bestreichen, übereinanderlegen und auf einer bemehlten Arbeitsplatte einen Kreis ausrollen, der etwas größer als die Form sein muß.
Die Teigplatte über die gefüllte Form legen und den Rand leicht andrücken. Mit dem verquirlten Eigelb bestreichen und alles ca. 50 Minuten auf mittlerer Schiene backen.
Abkühlen lassen und in der Form servieren.

10. *Rehpastete*

- 400 g Rehfleisch
- 200 g Schnitzelfleisch
- 150 g ungeräucherter fetter Speck
- 1 Lorbeerblatt
- je 1/2 TL getrockneter Thymian und Rosmarin
- 8 schwarze Pfefferkörner
- 700 ml Rotwein
- 1 Eiweiß
- 400 g fetter Speck, in dünne Scheiben geschnitten
- Salz, Pfeffer, Knoblauch

Für die Farce Rehfleisch, Schweinefleisch und Speck in mundgerechte Würfel schneiden, mit den Gewürzen in eine Schüssel geben und mit Rotwein übergießen. 12 Stunden ziehen lassen. Die Fleischstücke über ein Sieb abgießen, Gewürze entfernen und das Fleisch durch einen Fleischwolf drehen. Die Fleischmasse mit Eiweiß vermengen und mit Pfeffer, Salz und Knoblauch würzen, dann die Masse in eine mit Speckscheiben ausgelegte tiefe Auflaufform geben, mit Alufolie abdecken. 50 Minuten bei 160 Grad im Wasserbad garen. Auskühlen und durchziehen lassen.

11. *Pilzpastete*

- **400 g TK-Blätterteig**
- **Mehl**
- **450 g Pilze**
- **250 g gemischtes Hackfleisch**
- **2 Zwiebeln**
- **Salz, Pfeffer**
- **2 Eier**
- **1 EL Butter**
- **1 EL gehackte Petersilie**

Den Blätterteig auftauen und so auf einer bemehlten Arbeitsfläche ausrollen, daß eine tiefe Auflaufform oder Römerform damit ausgelegt werden kann. Etwas Teig für den oberen Teil (Deckel) überlassen. Die Pilze putzen, vierteln und in der Butter kurz anschmoren. Mit dem Hackfleisch, den gehackten Zwiebeln, Salz, Pfeffer, Petersilie und dem Eigelb verkneten. Eischnee sehr steif schlagen und vorsichtig unter die Fleischmasse heben. Die Füllung auf den Blätterteig geben. Blätterteigdeckel daraufsetzen, Auflaufform mit Alufolie bzw. Römertopf mit Deckel abdecken und bei 200 Grad ca. 60 Minuten backen Anschließend abkühlen lassen und in Scheiben geschnitten servieren.

12. *Apfel-Zwiebel-Pastete*

- **400 g Zwiebeln (in Ringe geschnitten)**
- **250 g Blätterteig**
- **400 g Äpfel**
- **2 TL frischenSalbei**
- **Salz, Pfeffer**
- **2 1/2 EL Sahne**

Eine flache Tortenform mit dünn ausgerolltem Blätterteig auslegen. Äpfel schälen, entkernen, in dünne Scheiben schneiden. Erst eine Schicht Apfelscheiben, dann eine Schicht Zwiebelringe auf dem Blätterteigboden anordnen. Mit Salbei, Salz und Pfeffer würzen und wieder mit den Apfelscheiben beginnen. Auf diese Weise fortfahren, bis die Form bis zum Rand gefüllt ist. Den Teigrand mit Wasser befeuchten. Sahne auf die Füllung geben und mit einer dünnen Teigschicht abdecken.
Bei 190 Grad im vorgeheizten Ofen ca. 60 Minuten backen. Abgekühlt in der Form servieren.

13. *Pariser Terrine*

- **750 g mageres Schweinefleisch**
- **500 g Gekochter Schinken**
- **500 g rohe Bratwurst**
- **3 Bund Schnittlauch (100 g)**
- **3 Bund Petersilie (100 g)**
- **Thymian**
- **Salz, Pfeffer**
- **2 Lorbeerblätter**
- **2 Knoblauchzehen**
- **2 Eier**

Schweinefleisch und Bratwurst durch den Fleischwolf drehen, Schinken in feine Würfel, Schnittlauch in Röllchen schneiden, Petersilie fein hacken, Knoblauchzehen pressen. Die genannten Zutaten mit den Gewürzen gut vermischen. Falls die Masse zu trocken ist, 1 bis 2 Eier unterrühren. In eine feuerfeste Terrine füllen, die Form mit Deckel oder Alufolie schließen und in eine größere, feuerfeste Form stellen.

Ofen auf 200 Grad vorheizen und beide Formen in den Backofen stellen. Die äußere Form mit kochendem Wasser füllen und ca. 3 Stunden garen lassen. Anschließend 2 Tage an einem kühlen Platz durchziehen lassen.

14. *Lachsterrine*

- 300 g Lachsfilet
- 300 g Joghurt
- Saft einer halben Zitrone
- 200 g Crème fraîche
- 50 g Kaviar
- 8 Blatt Gelatine
- 1 Bund Dill
- Salz

Lachsfilet in daumendicke Scheiben schneiden, mit Salz bestreuen und ca. 2 Stunden ziehen lassen. Crème fraîche mit Zitronensaft und Joghurt verrühren, den Kaviar unterheben und mit Salz abschmecken. Gelatine nach Vorschrift einweichen und auflösen, unter die Masse ziehen. Eine Rehrückenform mit Dill ausstreuen und einen Teil der Joghurtmasse einfüllen. Lachsscheiben abspülen, trockentupfen, aufrecht in die Joghurtmasse stecken und mit der restlichen Joghurtmasse auffüllen. Die Lachsterrine über Nacht in den Kühlschrank stellen. Dann auf eine Platte stürzen und in Scheiben schneiden.

15. *Marinierte Hühnerbrüstchen*

- **4 Hühnerbrustfilets**
- **2 EL Butterschmalz**
- **2 Eigelb**
- **1/8 l Öl**
- **4 EL Joghurt**
- **Saft von 1 Zitrone**
- **1 Messerspitze Cayennepfeffer**
- **1 Bund Basilikum**
- **Salz, Pfeffer**

Die Filets im heißen Butterschmalz von allen Seiten kräftig anbraten, salzen, pfeffern und ca. 10 Minuten zugedeckt bei wenig Hitze gar ziehen lassen. Zur Seite stellen und abkühlen lassen. Eigelbe mit dem Schneebesen verrühren und ganz langsam das Öl unter ständigem Rühren hinzufügen, bis eine cremige Masse entstanden ist.
Dann Joghurt und Zitronensaft beimengen und mit Salz, Pfeffer und Cayennepfeffer würzen. Basilikum abspülen, kleinschneiden und unter die Soße mischen. Das erkaltete Filet in dünne Scheiben schneiden, auf einer Platte anordnen und dünn mit der Soße überziehen. Im Kühlschrank etwa eine Stunde ziehen lassen.

16. *Hackbällchen mit Mandeln*

- **500 g Hackfleisch halb und halb**
- **2 Zwiebeln**
- **1 Brötchen**
- **400 g gemahlene Mandeln**
- **3 EL Butter**
- **1 Ei**
- **Senf**
- **Salz, Pfeffer**
- **1 Eigelb**

Einen Fleischteig aus dem Hackfleisch, den in feine Würfel geschnittenen Zwiebeln, dem eingeweichten Brötchen, Ei und Eigelb sowie den gemahlenen Mandeln herstellen. Mit Salz und Pfeffer würzen. Aus dem Teig kleine Bällchen formen und von allen Seiten anbraten. Abkühlen lassen und mit Senf servieren.

17. *Gefüllte Putenrolle*

- 600 g Putenbrust (im Stück)
- 4 Mangoldblätter
- 3 EL Semmelbrösel
- 2 EL Öl
- 1/8 l Brühe
- Salz, Pfeffer
- geriebene Muskatnuß

Mangoldblätter waschen und in reichlich kochendem Wasser etwa eine Minute blanchieren, kalt abbrausen und auf Küchenkrepp auslegen. Das Putenfleisch so aufschneiden, dass eine möglichst flache Scheibe entsteht, salzen und pfeffern. Die Mangoldblätter auf das Fleisch legen, mit frisch geriebener Muskatnuß würzen und mit Semmelbrösel überstreuen. Das Fleisch zusammenrollen, mit Rouladennadeln feststecken und rundherum salzen und pfeffern. In einem Schmortopf Öl erhitzen, den Braten darin rundherum scharf anbraten und Brühe aufgießen. Zugedeckt bei milder Hitze etwa 45 Minuten schmoren lassen, zwischendurch mehrmals wenden. Die Putenrolle erkalten lassen und aufgeschnitten servieren.

18. *Gänsebrust auf Feldsalat*

- **200 g geräucherte Gänsebrust**
- **300 g Feldsalat**
- **2 TL Zitronensaft**
- **1 Apfel**
- **1 Zwiebel**
- **2 TL Ahornsirup**
- **2 EL Apfelessig**
- **2 EL Öl**
- **Salz, Pfeffer**

Feldsalat waschen und abtropfen lassen. Zwiebel würfeln, Apfel schälen, vierteln, in dünne Scheiben schneiden und mit Zitronensaft beträufeln. Eine Marinade herstellen aus Essig, Sirup und Öl, mit Salz und Pfeffer würzen und Zwiebelwürfel, Apfelscheiben und Feldsalat untermengen. Die geräucherte Gänsebrust in feine Scheiben schneiden und auf einem Teller dekorativ mit dem Feldsalat anordnen.

19. *Rustikale Rolle*

- 4 Möhren
- 250 g Spinat
- 4 hartgekochte Eier
- 4 Zwiebeln
- 6 Scheiben gekochter Schinken
- 5 Rinderrouladen
- Salz, Pfeffer
- 5 EL Öl
- 2 EL grüne Pfefferkörner
- 1/4 l Brühe
- 1/8 l Rotwein

Gemüse waschen und putzen, Spinat verlesen und gut abtropfen lassen. Möhren in Stifte, Eier in Achtel, Zwiebeln in Ringe und Schinken in Streifen schneiden. Rouladen mit Pfeffer und Salz würzen, Pfefferkörner zerdrücken und auf die Scheiben streichen. Dann Gemüse, Schinken und Eier auf den Rouladen anordnen, die Scheiben aufrollen und mit Garn umbinden. In heißem Öl gut anbraten, dann Brühe und Wein zugießen. Alles ca. 80 Minuten zugedeckt schmoren lassen. Die erkalteten Rouladen in Scheiben schneiden.

20. *Kasseler mariniert*

- **500 g Kasselerfilet**
- **200 g Weißweinessig**
- **1/8 l Apfelmost**
- **2 Lorbeerblätter**
- **4 Wacholderbeeren**
- **Pfefferkörner (nach Bedarf)**
- **150 g Weintrauben (möglichst kernlos)**
- **1 Apfel**
- **4 EL Öl**
- **Salz, Pfeffer**
- **Prise Zucker**
- **1 Tüte Gelatine (instant)**

Essig, Apfelsaft und Gewürze zum Kochen bringen. Das Fleisch in dem Sud ca. 40 Minuten ziehen lassen, zwischendurch wenden und in dem Sud erkalten lassen. Dann das Fleisch entnehmen und in dünne Scheiben schneiden. Obst waschen, Trauben halbieren, Äpfel schälen, entkernen und in kleine Würfel schneiden. Von dem Sud ca. 120 ml abnehmen, mit dem Obst, Öl, Salz und Pfeffer und der Gelatine nach Packungsanweisung verrühren. Fleisch auf einer Platte anordnen und mit dem angedickten Obstsud glasieren.

21. *Feuereier*

- **6 Eier**
- **1/2 TL Salz**
- **1/4 TL gemahlener Koriander**
- **2 TL Mayonnaise**
- **1 TL feingehackte Zwiebel**
- **2 grüne Chilischoten (entkernt und feingehackt)**
- **1 Bund Petersilie**

Eier hart kochen, abschrecken, pellen und halbieren. Eigelb vorsichtig vom Eiweiß trennen. In einer Schüssel mit Salz, Koriander, Mayonnaise, Zwiebel und Chilischoten zu einem geschmeidigen Brei vermischen und in einen Spritzbeutel füllen. Die harten Eiweißhälften damit füllen. Mit Petersilienblätter garnieren. Gut gekühlt servieren.

22. *Italienische Eier*

- **6 Eier**
- **1 Brötchen**
- **2 Knoblauchzehen**
- **10 Blätter Salbei**
- **1/2 Bund Petersilie**
- **2 EL Kapern**
- **8 grüne Oliven ohne Stein**
- **Salz, Pfeffer**
- **1 EL Olivenöl**
- **Saft von 1 Zitrone**

Die Eier hart kochen, abschrecken und pellen. Brötchen in kleine Würfel schneiden und in Zitronensaft und Olivenöl einweichen. Die Knoblauchzehen schälen und zerdrücken. Salbei, Petersilie und Kapern fein hacken. Die eingeweichte Semmel mit den Zutaten vermengen und mit Salz und Pfeffer würzen. Die Eier halbieren und das Eigelb als Ganzes vorsichtig herausheben. Etwas Semmelmasse in die Vertiefungen füllen und das Eigelb wieder aufsetzen. Von dem Rest der Masse einen Teil auf das Eigelb streichen und eine halbierte Olive hineindrücken.

23. *Gefüllte Eier mit Sardellenpaste*

- **6 hartgekochte Eier**
- **100 g weiche Butter**
- **1 EL Zitronensaft**
- **Salz, Pfeffer**
- **2 TL Sardellenpaste**
- **1 Knoblauchzehe (gepreßt)**

Die Eier pellen, halbieren, das Eigelb sorgfältig herauslösen und in eine Schüssel geben. Butter und Zitronensaft schaumig rühren und Sardellenpaste und Knoblauchzehe darunter mischen. Die Eigelbe mit einer Gabel gut zerdrücken und unter kräftigem Rühren unter die Buttermischung geben. Mit Salz und Pfeffer abschmecken.

Mit dem Spritzbeutel die Creme in die vorbereiteten Eier füllen. Kühl servieren!

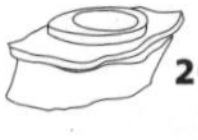

24. *Gefüllte Schinkeneier*

- **6 Eier**
- **2 Essiggurken**
- **50 g gekochter Schinken**
- **2 EL Senf**
- **Salz, Pfeffer**
- **Essig**
- **Schnittlauch, in Röllchen geschnitten**

Eier hart kochen, abschrecken, pellen und halbieren. Das Eigelb entfernen und in eine Schüssel geben. Die Eiweißhälften auf einem Teller anordnen. Den gekochten Schinken und Essiggurken in ganz kleine Stücke schneiden, das Eigelb mit einem Löffel zu einem Brei zerdrücken und mit Senf, Salz, Pfeffer und Essig pikant abschmecken. Zum Schluß den sehr klein gewürfelten Kochschinken und die Essiggurken unterheben. Die Masse leicht angehäuft in die Eihälften füllen und mit Schnittlauchröllchen garnieren.

25. *Roqueforteier*

- **6 Eier**
- **150 g Roquefort**
- **2 cl Portwein**
- **12 Weintrauben, halbiert**
- **Petersilie**
- **Pfeffer**

Eier hart kochen, abschrecken, pellen und halbieren. Eigelbe herauslösen und mit dem zerdrückten Roquefort, Portwein und Pfeffer glattrühren.
Die Mischungen in die Eihälften spritzen, mit Trauben und Petersilie garnieren.

26. *Thunfischpüree*

- **200 g Thunfisch naturell aus der Dose**
- **3 Gewürzgurken**
- **1 kleine Zwiebel**
- **1 EL Mayonaise**
- **1 Prise Pfeffer**
- **1 Prise Salz**

Thunfisch und Gewürzgurken abtropfen lassen, Zwiebel pellen und würfeln. Thunfisch, Zwiebel und Mayonnaise mit dem Mixer pürieren. Die Gurken fein würfeln, unter das Püree ziehen und mit Salz und Pfeffer würzen.

27. *Gorgonzola-Aufstrich*

- **200 g milder Gorgonozola**
- **200 g Packung Frischkäse**

Frischkäse und Gorgonzola in eine Schüssel geben und mit einer Gabel verrühren.

28. *Erdnußmargarine*

- **500 g Erdnüsse**
- **250 g Margarine**
- **Salz, Pfeffer**

Die Erdnüsse in einer Kaffeemühle mahlen. Die Margarine in einer feuerfesten Form bei niedrigster Stufe auf die Kochplatte stellen, bis sie weich wird. Die Form von der Kochplatte nehmen und das Nußmehl in kleinen Portionen in die Margarine kneten. Die gröberen Erdnußreste können auch verwendet werden, das gibt der Margarine den richtigen Pfiff. Zum Schluß mit Salz und Pfeffer abschmecken.

29. *Champignonaufstrich*

- **500 g Champignons**
- **3 Zwiebeln**
- **1 Bund gehackte Petersilie**
- **2 EL Essig**
- **Salz, Pfeffer**
- **1/2 TL Majoran**
- **200 g Butter**

Pilze kleinschneiden, Zwiebeln würfeln und mit der Petersilie in der Pfanne mit wenig Wasser dünsten. Wenn die Flüssigkeit verdunstet ist, Essig aufgießen und einziehen lassen. Butter in der Pfanne schmelzen lassen und mit Salz, Pfeffer und Majoran würzen. Alles ordentlich verrühren und in eine Schüssel gießen. Abkühlen lassen und für mehrere Stunden in den Kühlschrank stellen.

30. *Feta-Käsecreme*

- **4 Zwiebeln**
- **250 g Butter**
- **250 g Feta**
- **3 Knoblauchzehen**
- **Salz, Pfeffer**

Zwiebeln schälen und in feine Würfel schneiden. Weiche Butter und Zwiebeln vermengen. Feta zerbröckeln und mit der Zwiebelbutter vermischen. Knoblauchzehen zerdrücken und unterrühren. Alles mit Salz und Pfeffer abschmecken.

31. *Avocadocreme*

- **1 Avocado**
- **Kräutersalz**
- **2 EL Zitronensaft**
- **1 Tomate**
- **1 EL Schnittlauch**

Avocado halbieren, entkernen und das Fruchtfleisch mit einem Teelöffel von der Schale lösen. Avocadofleisch mit einer Gabel zerdrücken, mit Kräutersalz würzen, Zitronensaft darüber träufeln und mit der in sehr feine Würfel geschnittenen Tomate und den Schnittlauchröllchen vermengen. Die Avocadocreme möglichst frisch zubereitet servieren.

32. *Griebenschmalz nach Hausmacher Art*

· 500 g durchgedrehte Schweineflomen oder Rückenfett
· 250 Schweineschmalz
· 3 säuerliche Äpfel
· 200 g Zwiebeln
· 3 Lorbeerblätter
· 5 Pimentkörner
· 1 TL getrockneter Thymian
· 1 TL getrockneter Majoran
· 250 g geräucherter Speck

Zuerst Schweineschmalz und Speck in einem Topf erhitzen (nicht braun werden lassen), dann Flomen bzw. Rückenfett zugeben. Zwiebeln und Äpfel schälen, in feine Würfel schneiden und mit den Gewürzen hinzugeben, alles ca. 40 Minuten zusammen auslassen. Anschließend in einen Schmalztopf füllen und fest werden lassen.

33. *Gefüllte Sherrytomaten*

- **15 Sherrytomaten**
- **1 Paket Frischkäse mit Kräutern**
- **10 kleine Basilikumblätter**

Tomaten waschen und abtrocknen. Mit dem Messer eine kleine Haube abschneiden und mit einem kleinen Löffel aushöhlen. Den Frischkäse in die Aushöhlung streichen, daß eine kleine Anhäufung entsteht. Den Deckel aufsetzen und ein Basilikumblättchen mit Stielansatz seitlich in den Frischkäse stecken.

34. *Paprikaschiffchen*

- **1 große rote Paprikaschote**
- **200 g Frischkäse mit Paprika**
- **2 EL Schlagsahne**
- **8 gefüllte Paprikaoliven**
- **1 Bund in Röllchen geschnittener Schnittlauch**
- **etwas Pfeffer**

Paprikaschote waschen, halbieren, Kerngehäuse entfernen und nochmals die Hälften in 4 Streifen schneiden. Frischkäse mit Sahne und Pfeffer verrühren und in einen Spritzbeutel füllen. Nun den Frischkäse in Wellen auf die Paprikaschiffchen garnieren. Oliven in feine Scheiben schneiden und auf dem Frischkäse anordnen. Zum Schluß Schnittlauch überstreuen.

35. *Porreestangen*

- große Porreestange
- 200 g milder Gorgonzola
- 4 EL Sahne
- 1 kleine rote Paprikaschote
- Paprikapulver

Porreestange halbieren und in ca. 8 cm lange Stücke schneiden.
Gorgonzola und Sahne mit Mixstab verrühren und Paprikapulver unterrühren. Masse in einen Spritzbeutel mit Sternentülle füllen. Nun eine Rosette auf die Porreestücke spritzen. Paprika waschen, entkernen, enthäuten, in feine Streifen und dann in sehr kleine Würfel schneiden. Über die Gorgonzolacreme verteilen.

36. *Marinierte Möhren im Schinkenspeckmantel*

- **10 junge Möhren**
- **1 EL Balsamicoessig**
- **4 EL Olivenöl**
- **Salz, Pfeffer**
- **Prise Zucker**
- **Petersilie**
- **10 Scheiben Schinkenspeck**

Möhren putzen, waschen und in kochendem Salzwasser blanchieren. Aus Olivenöl, Essig, Zucker, Salz und Pfeffer eine Marinade anrühren. Die Möhren darin ca. 2 Stunden marinieren. Die Möhren anschließend mit je einer Scheibe Schinkenspeck umwickeln. An der oberen Seite kleine Stiele Petersilie einstecken.

37. *Fliegenpilze*

- **8 hartgekochte Eier**
- **4 mittelgroße Tomaten**
- **Frischkäse**
- **Mayonnaise**
- **Petersilie**

Eier pellen und an der unteren Seite ein Scheibe abschneiden, damit die Eier stehen können. Tomaten halbieren und aushöhlen. Etwas Frischkäse in die Aushöhlung geben und den Tomatendeckel auf das Ei geben. Mayonnaise in einen Spritzbeutel füllen und mit einer kleinen Tülle Tupfen auf die Tomatenhaube setzen. Petersilie zupfen und auf eine Platte geben. Die „Fliegenpilze“ darin anordnen.

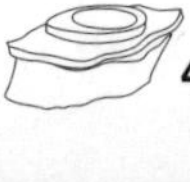

38. *Frischkäsekugeln*

- **verschiedene Sorten Frischkäse, z. B. mit Kräutern, Paprika, Ananas usw.**
- **Paprika edelsüß**
- **gehacktes Schnittlauch**
- **gehackte Petersilie**
- **gehackte Haselnüsse**
- **gehackte Radieschen**
- **mehrere Salatblätter**

Aus dem Frischkäse kleine Kugeln formen. Je nach Geschmackssorten in Paprika, Schnittlauchröllchen, Haselnußkernen, Petersilie oder Radieschen wälzen. Auf Salatblättern anordnen.

39. *Gefüllte Champignons*

- **10 große Champignons aus dem Glas**
- **7 EL Olivenöl**
- **3 EL Kräuteressig**
- **einige Eisbergsalatblätter**
- **1 Zwiebel**
- **100 Speck**
- **1 kleine Knoblauchzehe (zerdrückt)**
- **Zucker, Salz, Pfeffer**
- **Parmesankäse**
- **etwas Öl zum Braten**

Die Pilze putzen, abtrocknen. Zwiebel, Speck und Stiele von den Pilzen in sehr feine Würfel schneiden und in der Pfanne in heißem Öl mit der zerdrückten Knoblauchzehe dünsten. Öl, Essig, Zucker, Salz und Pfeffer zu einer Marinade verrühren. Die Pilze darin 60 Minuten einlegen. Dann die Champignons abtropfen lassen und aushöhlen.
Die Zwiebelmischung in die Aushöhlung füllen. Mit geriebenem Parmesankäse garnieren und die Eier auf den Salatblättern anordnen.

40. *Tomaten mit Mozzarella*

- **4 Tomaten**
- **125 g Mozzarella**
- **frische Basilikumblätter**
- **Salz, Pfeffer**
- **3 EL kaltgepreßtes Olivenöl**

Tomaten und Mozzarella in dünne Scheiben schneiden und jede Tomatenscheibe mit einer Mozzarellascheibe belegen. Mit Pfeffer und Salz würzen. Basilikumblätter auf die Tomatenscheiben legen und mit Olivenöl beträufeln.

41. *Matjesfilets mit Zwiebelspalten*

- **4 Matjesfilets**
- **1 Apfel**
- **2 Zwiebeln**
- **1 EL Zitronensaft**
- **Preiselbeerkonfitüre**

Matjesfilets in mundgerechte Stücke teilen. Apfel schälen, entkernen und in dünne Scheiben, Zwiebeln pellen und in Spalten schneiden. Apfelscheiben mit Zitronensaft beträufeln. Matjesstücke, Apfelscheiben und Zwiebelspalten auf Holzspieße stecken und mit einem Tupfen Preiselbeerkonfitüre garnieren.

42. *Aalspieße*

- **1 geräucherter Aal**
- **200 g Rettich**
- **2 kleine rote Zwiebeln**
- **150 g Meerrettich-Mayonnaise**
- **Schnittlauchröllchen**

Aal filetieren, Gräten entfernen und in ca. 3 cm große Stücke schneiden. Rettich putzen, in dünne Scheiben, Zwiebeln pellen und in Ringe schneiden. Alle Zutaten auf Holzspieße stecken und mit der Meerrettich-Mayonnaise bestreichen. Zum Schluß Schnittlauchröllchen darüberstreuen.

43. *Rollmöpse*

- **5 Heringe**
- **10 kleine Gewürzgurken**
- **5 Lorbeerblätter**
- **3 Zwiebeln**
- **1 Chilischote**
- **5 Nelken**
- **7 Pfefferkörner, schwarz**
- **5 Pimentkörner**
- **1 TL Senfkörner**
- **500 ml Weinessig**
- **Zahnstocher**

Die Heringe waschen, Gräten lösen und filetieren. Jeder Hering ergibt 2 Filets. Zwiebeln pellen und in Spalten schneiden. Auf jedes Filet eine kleine Gewürzgurke und 2 Zwiebelspalten legen, zusammenrollen und mit Zahnstocher befestigen. Eine Marinade aus Weinessig, Chilischote, Nelken, Pfefferkörnern, Piment-, und Senfkörnern herstellen und aufkochen, weitere 2 Stunden köcheln lassen. Sud kalt stellen. Heringsröllchen mit den Lorbeerblättern in ein Gefäß schichten und mit dem kalten Sud übergießen. Zugedeckt mindestens 2 Tage kalt stellen.

44. *Aal in Aspik*

- 1 Aal
- 1/2 l Wasser
- 125 ml Essig
- Pfeffer, Salz
- 2 Lorbeerblätter
- 5 Pfefferkörner
- 5 Wacholderbeeren
- 1 Mohrrübe
- 8 Blatt Gelatine, weiß
- 3 Eier, hartgekocht
- 2 Tomaten
- 2 Gewürzgurken
- 1 Bd. Petersilie
- 1 dl Madeira

Aal ausnehmen, säubern, in gleichmäßige Stücke schneiden und etwas salzen und pfeffern. Wasser und Essig aufkochen, mit Lorbeerblatt, Wacholderbeeren und Pfefferkörnern würzen. Mohrrübe putzen und in Scheiben schneiden. Madeira, Mohrrübenscheiben und Aalstücke hinzufügen und ca. 25 Minuten ziehen lassen. Dann die Aalstücke und die Möhrenscheiben aus dem Sud nehmen und abkühlen lassen. Eine Kranzform mit einem Teil der Möhren-, Eier-, Tomaten- und Gurkenscheiben auslegen. Fischsud mit der Blattgelatine nach Anweisung des Herstellers andicken. Eine kleine Schicht über die Scheiben gießen. Kurz andicken lassen, dann die Aalstücke hinzugeben und mit restlichem Gemüse und Eischeiben garnieren. Zum Schluß den restlichen Sud darüber verteilen. Im Kühlschrank kalt werden lassen. Zum Servieren auf eine Platte stürzen.

45. *Häckerle*

- 5 Matjesfilets
- 3 hartgekochte Eier
- 2 Äpfel
- 2 Zwiebeln
- 4 EL saure Sahne
- 1 TL Senf
- Pfeffer
- 1 Prise Zucker

Matjesfilets und hartgekochte Eier, gewaschene, geschälte und entkernte Äpfel fein würfeln. Zwiebeln pellen und hacken. Alles zusammen in einer Schüssel mischen. Saure Sahne in einem Becher mit Senf verrühren, mit Pfeffer und Zucker abschmecken und unter das Häckerle mischen. Vor dem Servieren mindestens 1 Stunde ziehen lassen.

46. *Melonensuppe*

- 1 Zuckermelone
- 1/8 l weißer Portwein
- Mineralwasser
- frische Minze

Eine reife Melone halbieren, Fruchtfleisch lösen, entkernen und in Stücke schneiden. Mit dem Pürierstab fein pürieren. Püree mit Portwein vermischen und zugedeckt gut gekühlt ca. 4 Stunden stehenlassen. Vor dem Servieren das Melonenpüree mit kaltem Mineralwasser nach Belieben verdünnen. Melonensuppe in gekühlten Tellern anrichten.

47. *Kalte Tomatensuppe*

- **1 Dose geschälte Tomaten (300 bis 400 g)**
- **1 Zwiebel**
- **2 Knoblauchzehen**
- **3 EL Öl**
- **je einen 1/2 TL Salz, Pfeffer, Thymian, Oregano und Paprikapulver**
- **1 EL Worcestersauce**
- **200 ml Fleischbrühe**
- **3 Scheiben Weißbrot**
- **2 EL Margarine**
- **5 EL saure Sahne**

Öl in einem Topf erhitzen, Zwiebel hacken, 1 Knoblauchzehe pressen und beides kurz anbraten. Mit Deckel ca. 5 Minuten dünsten. Tomaten mit dem Mixer pürieren, zu den gedünsteten Zwiebeln geben, Worcestersauce und Gewürze unterrühren. Suppe bei leicht geöffnetem Deckel 20 Minuten kochen lassen. Etwas abkühlen lassen, anschließend kalt stellen. Weißbrot in Würfel schneiden. Margarine in einer Pfanne erhitzen. Knoblauchzehe durchpressen und zur Margarine geben. Brotwürfel hinzufügen und rösten. Tomatensuppe auf Teller verteilen und 1 EL saure Sahne als Häubchen in die Mitte setzen. Die gerösteten Brotwürfel darüber verteilen.

48. *Himbeerkaltschale*

- **500 g Himbeeren**
- **Zitronensaft**
- **ca. 50 bis 60 g Zucker**
- **2 EL Sago**

Himbeeren waschen, im Mixer pürieren und durch ein Sieb streichen. Einen kleinen Teil Himbeeren übriglassen. Dann einen halben Liter Wasser mit etwas Zitronensaft und dem Zucker aufkochen. Den kalt abgespülten Sago in das heiße Wasser geben und unter ständigem Rühren etwa zehn Minuten kochen, bis er ausgequollen ist. Die Masse unter gelegentlichem Rühren erkalten lassen. Die pürierten Himbeeren untermischen, eventuell nachsüßen und die Kaltschale für zwei Stunden in den Kühlschrank stellen. Mit den restlichen Himbeeren vor dem Servieren dekorieren.

49. *Rhabarberkaltschale*

- **500 g Rhabarber**
- **100 g Zucker**
- **1/4 l Orangensaft**
- **1 Prise Salz**
- **3 TL Speisestärke**

Den Rhabarber schälen, in kleine Stücke schneiden und mit zwei Drittel des Zuckers und dem Orangensaft ca. 7 Minuten weich kochen. Alles durch ein feines Sieb drücken.

Nun 1/2 Liter Wasser mit einer Prise Salz zum Kochen bringen, dann die mit wenig kaltem Wasser angerührte Stärke unter Rühren dazugeben und unter ständigem Rühren etwa zehn Minuten kochen lassen, bis die Stärke ausgequollen ist. Das Rhabarbermus mit der Stärke mischen und alles gut umrühren. Die Kaltschale mit dem restlichen Zucker süßen, auskühlen lassen und zugedeckt für zwei Stunden in den Kühlschrank stellen.

50. *Lauchcremesuppe*

- **400 g Lauch**
- **1 Zwiebel**
- **2 EL Butter**
- **2 Kartoffeln**
- **Salz**
- **3/8 l Hühnerbrühe**
- **1/4 l Milch**
- **Tabascosoße**
- **3/8 l Sahne**
- **1 kleines Bund Schnittlauch**

Lauchstangen waschen, halbieren und in feine Streifen schneiden. Zwiebel schälen und würfeln. Butter erhitzen. Lauchstreifen und Zwiebelwürfel darin glasig dünsten. Kartoffeln schälen, waschen, würfeln, zu den Lauchstreifen geben und mit Salz würzen. Anschließend alles mit Brühe auffüllen und ca. 40 Minuten köcheln lassen. Vom Herd nehmen und mit dem Mixstab pürieren. Nochmals erhitzen und Milch und 1/8 l Sahne zugeben, nicht mehr kochen. Mit Tabascosoße abschmecken. Alles durch ein Sieb rühren und erkalten lassen. 1/4 l Sahne halbsteif schlagen und unter die Suppe rühren. Schnittlauchröllchen schneiden und über die Suppe streuen.

51. *Apfeldessert mit Mascarponecreme*

- **1 kg süß-säuerliche Äpfel**
- **1 Päckchen Vanillezucker**
- **1/8 l Apfelwein**
- **50 g brauner Zucker**
- **abgeriebene Zitronenschale (1/2 Zitrone)**
- **500 g Mascarpone**
- **2 Eigelb**
- **50 g Puderzucker**
- **100 g Makronen**

Äpfel schälen, vierteln, entkernen, in dicke Spalten schneiden und mit dem Wein, Vanillezucker, Zucker und der Zitronenschale bei milder Hitze im geschlossenen Topf etwa 12 Minuten garen, bis die Äpfel weich sind. Alles erkalten lassen. Die Eigelbe mit dem Puderzucker schaumig rühren und mit Mascarpone vermischen. Apfelkompott und Mascarponecreme abwechselnd in eine Glasschale oder Kompottschalen schichten, mit den Makronen dekorieren.

52. *Tiramisu*

- **250 g Mascarpone**
- **2 Eigelb**
- **2 Eiweiß**
- **100 g Puderzucker**
- **100 g Schlagsahne**
- **1/10 l Amaretto**
- **1/10 l Espresso**
- **1 EL Puderzucker**
- **100 g Löffelbiskuits**
- **1 EL Kakao**

Mascarpone mit Eigelb und Puderzucker verrühren. Eischnee schlagen, zum Schluß 1 EL Puderzucker unterrühren. Schlagsahne schlagen. Schlagsahne und Eischnee vorsichtig unter die Mascarpone-Eimasse ziehen. Amaretto mit Espresso (kalt) vermischen. Die Löffelbiskuits darin eintauchen. Mascarpone-Sahne-Eimasse im Wechsel mit den getränkten Biskuits in eine Form füllen und mindestens 24 Stunden in den Kühlschrank stellen. Vor dem Servieren mit Kakao bestäuben.

53. *Schokocreme*

- 1/2 l Milch
- 4 Eigelb
- 80 g Zucker
- 1 Päckchen Vanillezucker
- 8 Blatt weiße Gelatine
- 1/2 l Sahne
- 1 Glas Nutella
- 1 Likörglas Sahne
- 1 Likörglas Kakaolikör
- 1 Messerspitze Zimtpulver
- 4 cl Weinbrand

Milch mit Eigelb, Zucker und Vanillezucker unter ständigem Rühren aufkochen lassen und dann vom Herd nehmen. Die eingeweichte, gut ausgedrückte Gelatine nach Packungsanweisung darin auflösen, alles kalt schlagen, dann beiseite stellen. Sahne steif schlagen und unter die Milch-Creme rühren. Nutella mit Sahne und Likör glattrühren, vorsichtig unter die Creme ziehen, Zimt und Weinbrand unterheben. In Glasschalen füllen und vollständig erkalten lassen. Mit Sahnetupfern garnieren.

54. *Zitronenmousse*

- 5 Zitronen
- 5 Limetten
- 5 Eier
- 250 g Puderzucker
- 1 EL Speisestärke (20 g)
- 1 Prise Salz

Eine Zitrone und eine Limette heiß abwaschen, abtrocknen und die Schale abreiben. Aus den abgeriebenen und den übrigen Früchten den Saft auspressen und durch ein Sieb gießen. Eier trennen, die Eigelbe mit dem Puderzucker in einer Schüssel schaumig schlagen, dann die Speisestärke mit dem Schneebesen unterziehen. Die Schüssel in ein nicht zu heißes Wasserbad stellen und die abgeriebene Zitronen- und Limettenschale in die Eigelbmasse geben. Unter ständigem Schlagen mit dem Schneebesen den ausgepreßten Saft langsam hinzufügen. Die Masse so lange schlagen, bis sie leicht bindet. (Achtung! Nicht kochen lassen, sonst gerinnt sie!) Eine große Schüssel mit Eisstücken und etwas Wasser füllen. Die Schüssel mit der Creme hineinstellen und so lange schlagen, bis sie erkaltet ist. Die Eiweiße mit der Prise Salz zu schnittfestem Schnee schlagen und gleichmäßig unter die Creme ziehen. Zitronenmousse bis zum Servieren im Kühlschrank aufbewahren.

55. *Honigeis*

- **4 Eigelb**
- **6 EL Zucker**
- **1 EL Vanillezucker**
- **2 Eiweiß**
- **1 Prise Salz**
- **6 - 7 EL Akazienhonig**
- **200 ml Sahne**

Eigelbe mit dem Zucker und dem Vanillezucker im warmen Wasserbad zu einer cremigen Masse schlagen, danach in Eiswasser weiterrühren. Eiweiße mit dem Salz sehr steif schlagen und unter die Eigelbmasse heben, dann den flüssigen Honig unter die Masse rühren. Die Sahne steif schlagen und anschließend ganz vorsichtig unter die Masse ziehen. Die Eismasse in Portionsförmchen mindestens 5 Stunden gefrieren lassen.